LE SIECLE
DE
LOUIS LE GRAND
POEME.

Par M. PERRAULT de l'Academie Françoise.

A PARIS,
Chez JEAN BAPTISTE COIGNARD, Imprimeur & Libraire
ordinaire du Roy, ruë S. Jacques, à la Bible d'or.

MDCLXXXVII.
AVEC PERMISSION.

LE SIECLE

DE

LOUIS LE GRAND.

POEME.

La belle Antiquité fut toujours venerable,
Mais je ne crus jamais qu'elle fust adorable.
Je voy les Anciens sans ployer les genoux,
Ils sont grands, il est vray, mais hommes comme nous ;
Et l'on peut comparer sans craindre d'estre injuste,
Le Siecle de LOUIS au beau Siecle d'Auguste.
En quel temps sçût-on mieux le dur métier de Mars ?
Quand d'un plus vif assaut força-t'on des rempars ?
Et quand vit-on monter au sommet de la gloire,
D'un plus rapide cours le char de la Victoire ?
Si nous voulions oster le voile specieux,
Que la prevention nous met devant les yeux,
Et lassez d'applaudir à mille erreurs grossieres,
Nous servir quelquefois de nos propres lumieres,

Nous verrions clairement que sans temerité,
On peut n'adorer pas toute l'Antiquité,
Et qu'enfin dans nos jours, sans trop de confiance,
On luy peut disputer le prix de la science.

   Platon qui fut divin du temps de nos ayeux,
Commence à devenir quelquefois ennuyeux :
En vain son *Traducteur partisan de l'Antique,
En conserve la grace & tout le sel attique,
Du lecteur le plus aspre & le plus resolu,
Un dialogue entier ne sçauroit estre lû.

   Chacun sçait le decry du fameux Aristote,
En Physique moins seur qu'en Histoire Herodote ;
Ses écrits qui charmoient les plus intelligens,
Sont à peine receus de nos moindres Regens.
Pourquoy s'en étonner ? Dans cette nuit obscure
Où se cache à nos yeux la secrete Nature,
Quoique le plus sçavant d'entre tous les humains,
Il ne voyoit alors que des phantosmes vains.
Chez luy, sans nul égard des veritables causes,
De simples qualitez operoient toutes choses,
Et son systeme obscur rouloit tout sur ce point,
Q'uune chose se fait de ce qu'elle n'est point.

* M. l'Abbé de Maucroix.

D'une epaiſſe vapeur ſe formoit la Comette,
Sur un ſolide Ciel rouloit chaque Planette,
Et tous les autres feux dans leurs vaſes dorez,
Pendoient du riche fond des lambris azurez.

 Grand Dieu depuis le jour qu'un art incomparable,
Trouva l'heureux ſecret de ce Verre admirable,
Par qui rien ſur la Terre & dans le haut des Cieux,
Quelque éloigné qu'il ſoit, n'eſt trop loin de nos yeux,
De quel nombre d'objets d'une grandeur immenſe,
S'eſt accruë en nos jours l'humaine connoiſſance.
Dans l'enclos incertain de ce vaſte univers,
Mille Mondes nouveaux ont eſté découvers,
Et de nouveaux Soleils quand la nuit tend ſes voiles,
Egallent deſormais le nombre des eſtoiles.
Par des Verres encor non moins ingenieux,
L'oeil voit croiſtre ſous luy mille objets curieux,
Il voit lors qu'en un point ſa force eſt reünie,
De l'atome au neant la diſtance infinie ;
Il entre dans le ſein des moindres petits corps,
De la ſage Nature il y voit les reſſors,
Et portant ſes regards juſqu'en ſon Sanctuaire,
Admire avec quel art en ſecret elle opere.

L'homme de mille erreurs autrefois prevenu,
Et malgré son sçavoir à soy-même inconnu,
Ignoroit en repos, jusqu'aux routes certaines,
Du* Meandre vivant qui coule dans ses veines.
Des utiles vaisseaux où de ses alimens,
Se font pour le nourrir les heureux changemens,
Il ignoroit encor la structure & l'usage,
Et de son propre corps le divin assemblage.
Non non sur la grandeur des miracles divers,
Dont le souverain Maistre a remply l'univers,
La docte Antiquité dans toute sa durée,
A l'égal de nos jours ne fut point éclairée.
    Mais si pour la Nature elle eut de vains Auteurs,
Je la voy s'applaudir de ses grands Orateurs,
Je voy les Cicerons, je voy les Demosthenes,
Ornemens eternels & de Rome & d'Athenes,
Dont le foudre eloquent me fait déja trembler,
Et qui de leurs grands Noms viennent nous accabler.
Qu'ils viennent je le veux, mais que sans avantage
Entre les combatans le terrain se partage ;
Que dans nostre Barreau l'on les voye occupez,
A défendre d'un champ trois sillons usurpez ;

* Fleuve de la Grece qui retourne plusieurs fois sur luy-mesme.

Qu'instruits dans la Coustume, ils mettent leur estude
A prouver d'un egoust la juste servitude ;
Ou qu'en riche appareil la force de leur Art,
Eclatte à soustenir les droits de Jean Maillart.
Si leur haute eloquence, en ses demarches fieres,
Refuse de descendre à ces viles matieres,
Que nos grands Orateurs soient assez fortunez
*Pour défendre comme eux, des * Cliens couronnez,*   * Ciceron plaida pour le Roy Dejotarus.
Ou qu'un grand Peuple en foule accoure les entendre
*Pour declarer la guerre au Pere * d'Alexandre,*   * Demosthene haranguoit contre Philippe pere d'Alexandre.
Plus qu'eux peut-estre alors diserts & vehemens,
Ils donneroient l'effort aux plus grands mouvemens ;
Et si pendant le cours d'une longue Audience,
Malgré les traits hardis de leur vive eloquence,
On voit nos vieux Catons sur leurs riches tapis,
Tranquilles auditeurs & souvent assoupis,
On pourroit voir alors au milieu d'une place,
S'émouvoir, s'écrier l'ardente Populace.

   Ainsi quand sous l'effort des Autans irritez,
Les paisibles Estangs sont à peine agitez,
Les moindres Aquilons sur les plaines salées,
Elevent jusqu'aux Cieux les vagues ébranlées.

Pere de tous les Arts, à qui du Dieu des vers
Les Mysteres profonds ont esté découverts;
Vaste & puissant genie, inimitable Homere,
D'un respect infini ma Muse te revere.
Non ce n'est pas à tort que tes inventions,
En tout temps ont charmé toutes les Nations;
Que de tes deux Heros les hautes avantures,
Sont le noble sujet des plus doctes peintures,
Et que des grands Palais les murs & les lambris
Prennent leurs ornemens de tes divins écrits:
Cependant si le Ciel favorable à la France,
Au Siecle où nous vivons eust remis ta naissance,
Cent defauts qu'on impute au siecle où tu naquis,
Ne prophaneroient pas tes ouvrages exquis.
Tes superbes Guerriers prodiges de vaillance,
Prests de s'entrepercer du long fer de leur lance,
N'auroient pas si long-temps tenu le bras levé;
Et lorsque le combat devroit estre achevé,
Ennuyé les Lecteurs d'une longue Preface,
Sur les faits éclatans des Heros de leur Race.
Ta verve auroit formé ces vaillans demy-Dieux,
Moins brutaux, moins cruels, & moins capricieux.
D'une

D'vne plus fine entente & d'un art plus habile,
Auroit efté forgé le bouclier d'Achille,
Chef-d'œuvre de Vulcan, où son sçavant burin,
Sur le front lumineux d'un resonnant airain,
Avoit gravé le Ciel, les Airs, l'Onde & la Terre,
Et tout ce qu'Amphitrite en ses deux bras enserre,
Où l'on voit éclater le bel Aftre du jour,
Et la Lune, au milieu de sa brillante Cour,
Où l'on voit deux Citez parlant diverses langues,
Où de deux Orateurs on entend les harangues,
Où de jeunes Bergers sur la rive d'un bois,
Dansent l'un aprés l'autre & puis tous à la fois;
Où mugit un taureau qu'un fier lion devore,
Où sont de doux concerts; & cent choses encore
Que jamais d'un burin quoy qu'en la main des Dieux,
Le langage muet ne sçauroit dire aux yeux :
Ce fameux bouclier dans un Siecle plus sage,
Eût efté plus correct & moins chargé d'ouvrage.
Ton genie abondant en ses descriptions,
Ne t'auroit pas permis tant de digreßions,
Et moderant l'excez de tes allegories,
Eût encor retranché cent doctes réveries,

B

Où ton esprit s'égare & prend de tels essors,
Qu'Horace te fait grace en disant que tu dors.

Menandre, j'en conviens eut un rare genie,
Et pour plaire au Theatre une adresse infinie.
Virgile j'y consens merite des Autels,
Ovide est digne encor des honneurs immortels :
Mais ces rares Auteurs qu'aujourd'huy l'on adore,
Estoient-ils adorez quand ils vivoient encore ?
Ecoutons * Martial. Menandre esprit charmant,
Fut du Theatre grec applaudi rarement :
Virgile vit les vers d'Ennius le bon-homme,
Lûs, cheris, estimez des Connoisseurs de Rome,
Pendant qu'avec langueur on écoutoit les siens ;
Tant on est amoureux des Auteurs anciens,
Et malgré la douceur de sa veine divine,
Ovide estoit connu de sa seule Corinne.

Ce n'est qu'avec le temps que leur nom s'accroissant,
Et toujours plus fameux d'âge en âge passant,
A la fin s'est acquis cette gloire éclatante,
Qui de tant de degrez a passé leur attente.

Tel à flots épandus un fleuve impetueux,
En abordant la mer coule majestueux,

*Liv. 5. Epigr. 10.

Qui sortant de son roc sur l'herbe de ses rives,
Y rouloit inconnu ses ondes fugitives.
  Donc quel haut rang d'honneur ne devront point tenir
Dans les fastes sacrez des Siecles avenir,
Les Regniers, les Maynards, les Gombauds, les Malher- (bes,
Les Godeaux, les Racans, dont les écrits superbes,
En sortant de leur veine & dés qu'ils furent nez,
D'un laurier immortel se virent couronnez.
Combien seront cheris par les races futures,
Les galans Sarrasins, les aimables Voitures,
Les Molieres naifs, les Rotrous, les Tristans,
Et cent autres encor delices de leur temps :
Mais quel sera le sort du celebre Corneille,
Du Theatre françois l'honneur & la merveille,
Qui sçut si bien mêler aux grands evenemens,
L'heroïque beauté des nobles sentimens ?
Qui des peuples pressez vit cent fois l'affluence,
Par de longs cris de joye honorer sa presence,
Et les plus sages Rois de sa veine charmez,
Ecouter les Heros qu'il avoit animez.
De ces rares Auteurs, au Temple de memoire,
On ne peut concevoir quelle sera la gloire,

Lors qu'insensiblement consacrant leurs écrits,
Le Temps aura pour eux gaigné tous les esprits;
Et par ce haut relief qu'il donne à toute chose,
Amené le moment de leur Apotheose.

 Maintenant à loisir sur les autres beaux Arts,
Pour en voir le succez, promenons nos regards.
Amante des appas de la belle Nature,
Venez & dites nous, agreable Peinture :
Ces Peintres si fameux des Siecles plus âgez,
De talens inoüis furent-ils partagez ;
Et le doit-on juger par les rares merveilles
Dont leurs adorateurs remplissent nos oreilles :
Faut-il un si grand art pour tromper un oiseau,
Un Peintre est-il parfait pour bien peindre un rideau ?
Et fut-ce un coup de l'art si digne qu'on l'honore,
De fendre un mince trait, d'un trait plus mince encore ?
A peine maintenant ces exploits singuliers
Seroient le coup d'essai des moindres écholiers.
Ces Peintres commençans dans le peu qu'ils apprirent,
N'en sçurent gueres plus que ceux qui les admirent.

 Dans le Siecle passé, des hommes excellens
Possedoient, il est vray, vos plus riches talens;

L'Illustre Raphaël, cet immense genie,
Pour peindre, eut une force, une grace infinie,
Et tout ce que forma l'adresse de sa main,
Porte un air noble & grand, qui semble plus qu'humain.
Aprés luy s'éleva son échole sçavante,
Et celle des Lombards à l'envi triomphante.
De ces Maîtres de l'Art les Tableaux precieux
Seront dans tous les temps le doux charme des yeux.
De vostre Art cependant le secret le plus rare,
Ne leur fut départy que d'une main avare,
Le plus docte d'entre eux ne sçut que foiblement,
Du clair & de l'obscur l'heureux menagement.
On ne rencontre point dans leur simple maniere
Le merveilleux effet de ce point de lumiere,
Qui sur un seul endroit vif & resplendissant,
Va de tous les costez, toûjours s'affoiblissant,
Qui de divers objets que le sujet assemble,
Par le nœud des couleurs ne fait qu'un tout ensemble,
Et presente à nos yeux l'exacte verité
Dans toute la douceur de sa naiveté.
Souvent sans nul égard du changement sensible
Que fait, de l'air épais, la masse imperceptible,

Les plus foibles lointains & les plus effacez,
Sont comme les devans distinctement tracez,
Ne sçachant pas encor qu'un Peintre en ses ouvrages,
Des objets éloignez doit former les images,
Lorsque confusément son œil les aperçoit,
Non telles qu'elles sont, mais telles qu'il les voit.
C'est par là que le Brun toûjours inimitable,
Donne à tout ce qu'il fait un air si veritable,
Et que dans l'avenir ses ouvrages fameux
Seront l'étonnement de nos derniers neveux.

 Non loin du beau séjour de l'aimable Peinture,
Habite pour jamais la tardive Sculpture ;
Prés d'elle est la Venus, l'Hercule, l'Apollon,
Le Bacchus, le Lantin & le Laocoon,
Chef-d'œuvres de son Art, choisis entre dix mille :
Leurs divines beautez me rendent immobile,
Et souvent interdit il me semble les voir
Respirer comme nous, parler & se mouvoir.
C'est icy je l'avouë où l'audace est extréme,
De soûtenir encor mon surprenant Probléme ;
Mais si l'Art qui jamais ne se peut contenter,
Decouvre des defauts qu'on leur peut imputer,

Si du Laocoon la taille venerable,
De celle de ſes fils eſt par trop diſſemblable,
Et ſi les moites corps des ſerpens inhumains,
Au lieu de deux enfans enveloppent deux nains,
Si le fameux Hercule a diverſes parties,
Par des muſcles trop forts un peu trop reſſenties,
Quoique tous les ſçavans de l'Antique enteſtez
Erigent ces deffauts en de grandes beautez,
Doivent-ils nous forcer à ne voir rien de rare,
Aux chefs-d'œuvres nouveaux dont Verſailles ſe pare,
Que tout homme éclairé qui n'en croit que ſes yeux,
Ne trouve pas moins beaux pour n'eſtre pas ſi vieux ?
Qui ſe font admirer, & ſemblent pleins de vie,
Tout expoſez qu'ils ſont aux regards de l'Envie.
Mais que n'en diront point les ſiecles éloignez,
Lors qu'il leur manquera quelque bras, quelque nez ?
Ces ouvrages divins où tout eſt admirable,
Sont du temps de LOUIS *ce Prince incomparable*
Diront les Curieux. Cet auguſte Apollon
Sort de la ſage main du fameux Girardon,
Ces Chevaux du Soleil qui marchent, qui bondiſſent,
Et qu'au rapport des yeux on croiroit qu'ils hanniſſent,

Sont l'ouvrage immortel des deux freres Gaspards,
Et cet aimable Acis qui charme vos regards,
Où tout est naturel autant qu'il est artiste,
Nâquit sous le ciseau du gracieux Baptiste.

Allons sans differer dans ces aimables lieux,
De tant de grands objets rassasier nos yeux.
Ce n'est pas un Palais, c'est une Ville entiere,
Superbe en sa grandeur, superbe en sa matiere;
Non, c'est plûtôt un monde, où du grand Univers
Se trouvent rassemblez les miracles divers.
Je voy de toutes parts des fleuves qui jallissent,
Et qui forment des Mers des ondes qu'ils vomissent,
Par un Art incroyable ils ont esté forcez,
De monter au sommet de ces lieux exhaucez,
Et leur eau qui descend aux jardins qu'elle arrose,
Dans cent riches Palais en passant se repose.
Que leur peut opposer toute l'Antiquité,
Pour égaler leur pompe & leur varieté ?

Nagueres dans sa Chaire, un maistre en Rethorique,
Plein de ce fol amour qu'ils ont tous pour l'Antique,
Loüant ces beaux Jardins qu'il disoit avoir vûs,
On les prendroit, dit-il, pour ceux d'Alcinoüs,

Le

Le Jardin de ce Roy, si l'on en croit Homere,
Qui se plut à former une belle chimere,
Utilement rempli de bons arbres fruitiers,
Renfermoit dans ses murs quatre arpens tous entiers.
Là se cueilloit la poire, & la figue, & l'orange,
Icy dans un recoin se fouloit la vandange,
Et là de beaux raisins sur la terre épanchez,
S'étalloient au Soleil pour en estre sechez.
Dans le Royal enclos on voyoit deux fontaines,
Non s'élever en l'air superbes & hautaines,
Mais former à l'envy deux paisibles ruisseaux,
D'ont l'un moüilloit le pied de tous les arbrisseaux,
Et l'autre s'échapant du Jardin magnifique,
Abreuvoit les passans dans la place publique.
  Tels sont dans les hameaux des prochains environs
Les rustiques jardins de nos bons vignerons.
  Que j'aime la fraischeur de ces boccages sombres,
Où se sont retirez le repos, & les ombres,
Où sans cesse on entend le murmure des eaux
Qui sert de symphonie au concert des oyseaux;
Mais ce concert si doux où leur amour s'explique,
M'accuse d'oublier la charmante Musique.

C

La Grece toûjours vaine est encor sur ce point,
Fabuleuse à l'excez & ne se dement point.
Si l'on ose l'en croire, un Chantre de la Thrace,
Forçoit les animaux de le suivre à la trace,
Et même les forests, jusqu'aux moindres buissons,
Tant le charme estoit fort de ses douces chansons.
Un autre plus expert, non content que sa lyre
Fist marcher sur ses pas les rochers qu'elle attire,
Vit ces mesmes rochers de sa lyre enchantez,
Se poser l'un sur l'autre & former des citez.
Ces fables, il est vray, sagement inventées,
Par la Grece avec art ont esté racontées,
Mais comment l'écouter quand d'un ton serieux,
Et mettant à l'écart tout sens mysterieux,
Elle dit qu'à tel point dans le cœur le plus sage,
Ses joüeurs d'instrumens faisoient entrer la rage
En sonnant les accords du mode Phrygien,
Que les meilleurs amis & les plus gens de bien,
Crioient, se querelloient, faisoient mille vacarmes,
Et pour s'entretuer couroient prendre des armes;
Que quand ces enragez, écumant de courroux,
Se tenoient aux cheveux & s'assommoient de coups,

Les joüeurs d'instrumens pour adoucir leur bile,
Touchoient le Dorien mode sage & tranquille,
Et qu'alors ces mutins à de si doux accens,
S'appaisant tout à coup rentroient dans leur bon sens.
Elle se vante encor qu'elle eut une Musique
Utile au dernier point dans une Republique,
Qui de tout fol amour amortissoit l'ardeur,
Et du sexe charmant conservoit la pudeur;
Qu'une* Reine autrefois pour l'avoir écoutée,   * Clytemnestre.
Fut prés d'un lustre entier en vain sollicitée;
Mais qu'elle succomba dés que son seducteur,
Eut chassé d'auprés d'elle un excellent fluteur,
Dont, pendant tout ce temps la haute suffisance,
Avoit de cent perils gardé son innocence.
Avec toute sa pompe & son riche appareil,
La Musique en nos jours ne fait rien de pareil.

Ce bel Art tout divin par ses douces merveilles,
Ne se contente pas de charmer les oreilles,
N'y d'aller jusqu'au cœur par ses expressions
Emouvoir à son gré toutes les passions:
Il va, passant plus loin, par sa beauté supréme,
Au plus haut de l'esprit charmer la raison mesme.

C ij

Là cet ordre, ce choix & ces justes rapports
Des divers mouvemens & des divers accords,
Le choc harmonieux des contraires parties,
Dans leurs tons opposez sagement assorties,
Dont l'une suit les pas de l'autre qui s'enfuit;
Le mélange discret du silence & du bruit
Et de mille ressorts la conduite admirable
Enchante la raison d'un plaisir ineffable.
Ainsi pendant la nuit quand on leve les yeux
Vers les astres brillans de la voute des cieux,
Plein d'une douce joye on contemple, on admire
Cet éclat vif & pur dont on les voit reluire,
Et d'un respect profond on sent toucher son cœur
Par leur nombre étonnant & leur vaste grandeur:
Mais si de ces beaux feux les courses mesurées,
De celuy qui les voit ne sont pas ignorées,
S'il connoist leurs aspects & leurs declinaisons,
Leur chute & leur retour qui forment les saisons;
Combien adore t'il la Sagesse infinie,
Qui de cette nombreuse & celeste harmonie,
D'un ordre compassé jusqu'aux moindres momens,
Regle les grands accords & les grands mouvemens?

La Grece, je le veux, eut des voix sans pareilles,
Dont l'extréme douceur enchantoit les oreilles,
Ses Maistres pleins d'esprit composerent des chants,
Tels que ceux de Lulli, naturels & touchans ;
Mais n'ayant point connu la douceur incroyable   Les Anciens
Que produit des accords la rencontre agreable,   n'ont point
Malgré tout le grand bruit que la Grece en a fait,   Musique à
Chez elle ce bel art fut un art imparfait :   plusieurs
Que si de sa Musique on la vit enchantée,   parties.
C'est qu'elle se flatta de l'avoir inventée,
Et son ravissement fut l'effet de l'amour
Dont on est enyvré pour ce qu'on met au jour.

  Ainsi lors qu'un enfant dont la langue s'essaye,
Commence à prononcer, fait du bruit & begaye,
La mere qui le tient a ses sens plus charmez,
De trois ou quatre mots qu'à peine il a formez,
Que de tous les discours pleins d'art & de science,
Que declame en public la plus haute eloquence.

  Que ne puis-je evoquer le celebre Arion,
L'incomparable Orphée & le sage Amphion,
Pour les rendre témoins de nos rares merveilles,
Qui dans leur siecle heureux n'eurent point de pareilles.

L'Opera.   *Quand la toile se leve* & que les sons charmans
D'un innombrable amas de divers instrumens,
Forment cette éclatante & grave symphonie,
Qui ravit tous les sens par sa noble harmonie,
Et par qui le moins tendre en ce premier moment,
Sent tout son corps emû d'un doux fremissement,
Ou quand d'aimables voix que la Scene rassemble,
Mélent leurs divers chants & leurs plaintes ensemble,
Et par les longs accords de leur triste langueur,
Penetrent jusqu'au fond le moins sensible cœur;
Sur des maistres de l'art, sur des ames si belles,
Quel pouvoir n'auroient pas tant de graces nouvelles?
   Tout Art n'est composé que des secrets divers
Qu'aux hommes curieux l'usage a découverts,
Et cet utile amas des choses qu'on invente,
Sans cesse chaque jour, ou s'épure ou s'augmente:
Ainsi les humbles toits de nos premiers ayeux,
Couverts negligeamment de joncs & de glayeux,
N'eurent rien de pareil en leur Architecture,
A nos riches Palais d'eternelle structure:
Ainsi le jeune chesne en son âge naissant,
Ne se peut comparer au chesne vieillissant

Qui jettant sur la terre un spacieux ombrage
Avoisine le ciel de son vaste branchage.

Mais c'est peu, dira-t'on, que par un long progrez,
Le Temps de tous les Arts découvre les secrets,
La Nature affoiblie en ce Siecle où nous sommes,
Ne peut plus enfanter de ces merveilleux hommes,
Dont avec abondance, en mille endroits divers,
Elle ornoit les beaux jours du naissant Univers,
Et que tous pleins d'ardeur, de force & de lumiere,
Elle donnoit au monde en sa vigeur premiere.

A former les Esprits comme à former les corps,
La Nature en tous temps fait les mesmes efforts,
Son Estre est immuable, & cette force aisée
Dont elle produit tout, ne s'est point épuisée :
Jamais l'Astre du jour qu'aujourd'huy nous voyons,
N'eut le front couronné de plus brillans rayons,
Jamais dans le Printemps les roses empourprées,
D'un plus vif incarnat ne furent colorées :
Non moins blanc qu'autrefois brille dans nos jardins
L'ébloüissant émail des lis & des jasmins,
Et dans le Siecle d'or la tendre Philomele,
Qui charmoit nos ayeux de sa chanson nouvelle,

N'avoit rien de plus doux que celle dont la voix
Reveille les échos qui dorment dans nos bois :
De cette mesme main les forces infinies
Produisent en tous temps de semblables genies.

    Les Siecles, il est vray, sont entre eux differens,
Il en fut d'éclairez, il en fut d'ignorans ;
Mais si le regne heureux d'un excellent Monarque
Fut toûjours de leur prix & la cause & la marque,
Quel Siecle pour ses Roys, des hommes reveré,
Au Siecle de LOUIS peut estre preferé ?
De LOUIS qu'environne une gloire immortelle,
De LOUIS des grands Roys le plus parfait modele.

    Le Ciel en le formant epuisa ses tresors,
Et le combla des dons de l'Esprit & du Corps ;
Par l'ordre des Destins la Victoire asservie
A suivre tous les pas de son illustre vie,
Animant les efforts de ses vaillans Guerriers,
Dés qu'il regna sur nous le couvrit de lauriers ;
Mais lorsqu'il entreprit de mouvoir par luy-mesme,
Les penibles ressorts de la grandeur supréme,
De quelle majesté, de quel nouvel éclat,
Ne vit-on pas briller la face de l'Estat ?

La

La pureté des loix par tout est restablie,
Des funestes duels la rage est abolie ;
Sa Valeur en tous lieux soûtient ses alliez,
Sous Elle, les ingrats tombent humiliez,
Et l'on voit tout à coup les fiers peuples de l'Ebre,
Du rang qu'il tient sur eux rendre un aveu celebre.
Son bras se signalant par cent divers exploits,
Des places qu'il attaque en prend quatre à la fois :
Aussi loin qu'il le veut il estend ses frontieres,
En dix jours il soûmet des Provinces entieres,
Son Armée à ses yeux passe un fleuve profond,
Que Cesar ne passa qu'avec l'aide d'un pont.
De trois vastes Estats les haines declarées
Tournent contre luy seul leurs armes conjurées ;
Il abbat leur orgüeil, il confond leurs projets,
Et pour tout chastiment leur impose la paix.

Instruit d'où vient en luy cet excez de puissance,
Il s'en sert plein de zele & de reconnoissance,
A rendre à leur bercail les troupeaux égarez,
Qu'une mortelle erreur en avoit separez,
Et par ses pieux soins l'Heresie étouffée
Fournit à ses vertus un immortel trophée.

D

Peut-estre qu'éblouïs par tant d'heureux progrez,
Nous n'en jugeons pas bien pour en estre trop prés,
Consultons au dehors & formons nos suffrages
Au gré des Nations des plus lointaines plages,
De ces Peuples heureux où plus grand, plus vermeil,
Sur un char de rubis se leve le Soleil,
Où la Terre, en tout temps, d'une main liberale,
Prodigue ses tresors qu'avec pompe elle estale,
Dont les superbes Roys sont si vains de leur sort,
Qu'un seul regard sur eux est suivi de la mort.
L'invincible LOUIS *sans flotte, sans armée,*
Laisse agir en ces lieux sa seule renommée,
Et ces Peuples charmez de ses exploits divers,
Traversent sans repos le vaste sein des mers,
Pour venir à ses pieds luy rendre un humble hommage,
Pour se remplir les yeux de son auguste image,
Et goûter le plaisir de voir tout à la fois,
Des hommes le plus sage, & le plus grand des Roys.

Ciel à qui nous devons cette splendeur immense,
Dont on voit éclatter nostre Siecle & la France,
Poursuis de tes bontez le favorable cours,
Et d'un si digne Roy conserve les beaux jours,

D'un Roy qui dégagé des travaux de la Guerre,
Aimé de ses Sujets, craint de toute la Terre,
Ne va plus occuper tous ses soins genereux,
Qu'à nous regir en paix, & qu'à nous rendre heureux.

F I N.

Permis d'imprimer. FAIT à Paris ce quatriéme Février mil six cens quatre-vingt-sept.
DE LA REYNIE.